O CORAÇÃO DE JESUS E A GRANDE PROMESSA

Pe. Roque Schneider, SJ

O CORAÇÃO DE JESUS E A GRANDE PROMESSA

Edições Loyola

Revisão: Fernanda Guerriero Antunes

Edições Loyola Jesuítas
Rua 1822, 341 – Ipiranga
04216-000 São Paulo, SP
T 55 11 3385 8500/8501 • 2063 4275
editorial@loyola.com.br
vendas@loyola.com.br
www.loyola.com.br

Todos os direitos reservados. Nenhuma parte desta obra pode ser reproduzida ou transmitida por qualquer forma e/ou quaisquer meios (eletrônico ou mecânico, incluindo fotocópia e gravação) ou arquivada em qualquer sistema ou banco de dados sem permissão escrita da Editora.

ISBN 978-85-15-02141-3

6ª edição: 2016

© EDIÇÕES LOYOLA, São Paulo, Brasil, 2000

109349

Floripes Dornelas da Costa, mineira, falecida em abril de 1999, mais conhecida como **LOLA**, era profunda devota do Sagrado Coração de Jesus. A distribuição gratuita deste livreto foi um dos pedidos que ela colocou em seu testamento, antes de falecer. Lá no céu, a saudosa LOLA continua abençoando todos os devotos do Coração de Jesus e de Maria.

Pe. ROQUE SCHNEIDER, SJ

1. A CIDADE DA MISERICÓRDIA

Há mais de quatrocentos anos, Paray-le-Monial era um povoado anônimo perdido no mapa da França. Em meados do século XVII, ganhou destaque e atenção internacional, passando a ser conhecida como a *Cidade da Misericórdia*.

Margarida Maria de Alacoque, humilde irmã religiosa da Visitação, foi ali escolhida por Deus para revelar ao mundo Seu amor imenso aos homens, centrado na misericórdia, no sacramento da Eucaristia, no mistério redentor. O Sagrado Coração de Jesus, cercado de chamas, rodeado de uma coroa de espinhos, revelou-se a ela em diversas oportunidades:

> *Meu Coração divino está tão inflamado de amor pelos homens e por ti, em particular, que já não consigo reter as chamas de sua ardente caridade. Necessito difundi-las aos homens, por teu intermédio, a fim de enriquecê-los com os preciosos tesouros de meu Coração. Eu te escolhi para a consecução desse grande desígnio.*

Insondáveis desígnios nos planos da redenção: como em Nazaré, Deus olhou com predileção para uma serva humilde, orante e mística.

Paray-le-Monial, Nazaré e Belém, na Palestina, se entrelaçam, se fundem e se dão as mãos, num tripé de rara eloquência milenar.

Nascendo pobre e despojado, numa rústica manjedoura, um Deus se debruça sobre nossa fragilidade para apontar-nos as rotas da paz e da salvação, da alegria de viver.

Em Paray-le-Monial seu manto de misericórdia abre-se generoso e benfeitor, acenando promessas e garantias de felicidade e realização.

Quando o Infinito se revela, algum Pentecostes está a caminho. Quando o mistério e a ternura dialogam, solidários, só nos resta fazer silêncio e descalçar as sandálias, como Moisés diante da Sarça ardente, enxugando lágrimas, cantando Salmos de júbilo, de gratidão.

A fé é um milagre de amor. E a esperança, um carinho de Deus, na terra dos homens.

2. O QUE É O CORAÇÃO DE JESUS

1. Símbolo do Amor. O coração é considerado a raiz última do ser humano, o núcleo da pessoa, o centro unificador de toda a sua vida e atividade. Nada há de mais íntimo, profundo e pessoal. O Coração de Jesus — símbolo e sinal do Amor do Pai e do Espírito Santo para conosco — é Cristo por dentro: manso, humilde, paciente, terno, compassivo, magnânimo, generoso, afável, orante, fornalha ardente de caridade, amigo das crianças, dos pecadores. O pai dos filhos pródigos de ontem, de hoje, de todos os tempos; o Bom Pastor que deixa as 99 ovelhas sadias para atender com carinho especial a ovelha perdida, desgarrada. A Santíssima Trindade tem Coração: o de Jesus.

2. Abismo de gratuidade. O Pai, o Filho e o divino Espírito Santo eram plenos e felizes na eternidade. Deus nos olhou e amou, e gratuitamente enviou-nos seu Filho. Buscando sempre e em tudo a vontade do Pai, Jesus encarnou-se gratuitamente também. Quem ama quer estar perto, junto, ao lado...

3. Síntese do Evangelho. Jesus veio para nos libertar do pecado, para nos reconciliar com o Pai. Libertação e reconciliação encontram-se nas bases do Reino, nas raízes do cristianismo. Cristo libertador, que nos reconcilia com o Pai: eis a síntese perfeita de todo o Evangelho da redenção.

4. Rei: rei diferente, rei dos corações. Despreza armas, força, poder... Quando os judeus querem proclamá-lo Rei, após a multiplicação dos pães, foge para a montanha. Só uma vez permite ser aclamado publicamente: no Domingo de Ramos.

5. Endereço da felicidade: os bens materiais não satisfazem o coração humano, sedento de infinito. O homem moderno perdeu sua identidade profunda, porque desvinculado de Deus. Sem raízes, a árvore seca... "O importante não é matar a sede, porque ela volta sempre. O importante é possuir uma fonte."

6. Coração profundamente eucarístico: o Cenáculo e o Calvário são os dois grandes marcos da vida de Cristo. Perplexa, santa Teresa de Ávila dizia não entender as três "loucuras" de Jesus: o fato de, sendo Deus, ter nascido pobre e despojado; sua morte na cruz do Calvário; seu silêncio diário, milenar, nos tabernáculos do mundo inteiro.

7. *Refúgio seguro*, num mundo violento, tumultuado, agressivo, que nos deixa inseguros, vacilantes, lembrando pássaros feridos, de asas quebradas. Misericordioso, amigo e cordial, o Mestre nos repete, especialmente nos momentos de angústia, sofrimento e solidão: "Vinde a mim todos os que estais cansados, aflitos e sobrecarregados. Tomai meu jugo e aprendei de mim que sou manso e humilde de coração. Meu jugo é suave, e meu fardo é leve" (Mt 11,28-30).

8. *Garantia absoluta de Salvação*. Na Grande Promessa a santa Margarida Maria em 16 de junho de 1675, Jesus falou que na hora da morte seria *asilo seguro* a todos os devotos de seu Coração.

> *Obrigado, Senhor, nosso asilo, refúgio, fortaleza e garantia de salvação eterna.*

3. O AMOR NÃO CORRESPONDIDO

O barco da Igreja conheceu turbulências, ventos adversos e dias difíceis, ao longo de sua trajetória, ontem e hoje. E amanhã não será diferente.

No século XVII, em que refulgiu a ternura mística de santa Margarida Maria de Alacoque, a Igreja atravessava mares encapelados.

Analfabetos na Escola da misericórdia, cristãos jansenistas *carregavam nas tintas da miséria humana e no rigor divino*, ensinando cidadãos vulneráveis, criaturas imperfeitas, pecadores inveterados... Cabia-nos ficar longe da Eucaristia, montanha alta demais para o comum dos mortais, reservada apenas a alguns pouquíssimos eleitos, privilegiados de Deus.

Antes de comungar, em todas as liturgias eucarísticas, rezamos humildemente com o celebrante: "Senhor, eu não sou digno de que entreis em minha casa, mas dizei uma só palavra e minha alma será salva".

Rígidos, puritanos, de coração estreito e mente pequena, amedrontados diante de um Deus severo e castigador, os jansenistas estacionavam na primeira parte da frase, sem prosseguir na prece. Na linguagem de hoje seriam considerados *fundamentalistas*. A parábola do Filho Pródigo e do Bom Pastor não constava em seus dicionários religiosos, espirituais. Esqueciam-se também da promessa imortal do Mestre: "Eu sou o pão vivo que desceu do céu. Quem come deste pão viverá eternamente".

A França vivia uma época turbulenta, sacudida por crises nos campos político, econômico, religioso, social. A crescente hostilidade à Igreja era vista na perspectiva de pecado, de ofensa a Deus. O jansenismo exorbitava essa dimensão, e os *libertinos* da época com sua teoria e prática confirmavam-na plenamente. O quadro geral era sombrio, desalentador: um século marcado e imerso no pecado, a França materialista, pagã, as massas se descristianizando a olhos vistos.

Nesse contexto, Margarida Maria é escolhida por Deus para revelar ao mundo a espiritualidade do Coração de Jesus, sob uma faceta nova, peculiar: *o amor não correspondido, que pede desagravo, reparação de todos os fiéis, à luz da misericórdia de Jesus Cristo, o redentor, enviado pelo Pai para salvar, e não para condenar.*

4. JOÃO EUDES, O PRECURSOR

Caminhos de Deus na terra dos homens. Alguém preparou o ambiente, aplainou as estradas para Margarida Maria, lembrando um pouco João Batista, o precursor de Cristo na Palestina.

Detalhe histórico, significativo, que merece ser lembrado. João Eudes, aluno dos jesuítas, cérebro brilhante e coração generoso, formou-se na *espiritualidade de Bérulle do Oratório de Paris*, reduto de pensadores famosos, de intelectuais como Bossuet, Pascal e outros. Ao perceber que as ideias jansenistas se infiltravam pouco a pouco no Oratório, afastou-se, ensaiou novos voos, jogando-se de corpo e alma na tarefa de pregador rural.

Para difundir mais amplamente a espiritualidade que o empolgava, fundou dois institutos religiosos: as Filhas de Nossa Senhora da Caridade e os Padres da Congregação de Jesus e Maria, ambos consagrados ao Coração de Jesus e de Maria, com a missão de propagar a devoção por toda a região da Bretanha francesa e além-fronteiras. Em seu livro, *O Coração admirável de Jesus Cristo*, defendeu teologicamente a espiritualidade do Coração de Jesus, cada vez mais popular e já olhada com simpatia pela Santa Sé.

Mais. João Eudes compôs *uma santa missa e ofício*, em honra dos Corações de Jesus e de Maria, de imediato aprovados pelo episcopado francês e, posteriormente, pelo papa Clemente X, em 1674.

Luz no horizonte. Era a primeira vez que Roma reconhecia oficialmente a devoção ao Coração de Jesus, um jeito novo e diferente de ser Igreja.

5. ELA FOI UM INSTRUMENTO

A espiritualidade do Coração de Jesus tem vinte séculos, a idade da Igreja. Nasceu aos pés da Cruz, quando o soldado romano atravessou o lado aberto de Jesus. E daquele coração rasgado brotou sangue e água, símbolos eloquentes dos sacramentos, da graça divina em nosso existir peregrino.

Santa Margarida Maria foi um instrumento que o Senhor utilizou para difundir o culto a Seu Coração misericordioso, cheio de bondade e amor. Beatificando-a em 18 de setembro de 1864, canonizando-a posteriormente em 13 de maio de 1920, a Igreja reconheceu ter sido Margarida Maria uma alma privilegiada dentro dos planos insondáveis da providência divina.

Ao inscrevê-la entre os santos, o papa Bento XV determinou que um dos altares da basílica de São Pedro, em

Roma, fosse dedicado ao Sagrado Coração de Jesus. O mosaico que o domina representa Jesus mostrando o Coração à santa de Paray-le-Monial.

6. A VIDA DE SANTA MARGARIDA MARIA

Nasceu de pais honrados, no território de Vérosvres, dia 22 de junho de 1647, sendo batizada três dias depois. Com apenas 6 anos, a morte do pai plantou a cruz em sua vida.

De índole amável e alegre, cristã fervorosa, Margarida levou uma vida absolutamente normal. Amiga das crianças pobres, buscava ajudá-las sempre que podia, ensinando-lhes também o catecismo. Visitas aos enfermos faziam parte também de seu cotidiano.

Sentindo crescer em seu coração o anseio da vida religiosa, dirigiu-se um dia ao convento de Paray-le-Monial. Ao entrar no locutório da Visitação, ouviu a misteriosa frase-convite:

É aqui que eu desejo você.

No dia 20 de junho de 1671, abriram-se as portas do mosteiro para Margarida Maria. Em 25 de agosto do mesmo ano, vestiu o hábito religioso.

Muito cedo revelou sua alma mística, levando vida austera e sacrificada, de muita oração. Em 1º de julho de 1673, durante o "Te Deum" executado na capela, sentiu-se completamente curada de uma crônica afonia, enquanto uma luz divina a envolvia, estacionando sobre seus braços, na "figura de uma criança".

Em 27 de dezembro de 1673, festa de São João, diante do Santíssimo Sacramento, Margarida Maria viveu a primeira grande revelação. Sentiu-se invadida pela presença divina, que ela vinha experimentando palpavelmente desde o dia de sua profissão como religiosa. Nosso Senhor fê-la "repousar demoradamente sobre Seu divino peito", revelando-lhe pela primeira vez "as maravilhas de Seu amor e os segredos inexplicáveis de Seu Sagrado Coração que Ele conservava ocultos até aquela data". E Jesus falou à santa:

> *Meu Coração divino está tão inflamado de amor pelos homens e por ti, em particular, que já não consigo reter as chamas de sua ardente caridade. Necessito difundi-las aos homens por teu intermédio, a fim de enriquecê-los com os preciosos tesouros de meu coração. Eu te escolhi para a consecução desse grande desígnio...*

7. A GRANDE PROMESSA

Foi na segunda aparição que a Grande Promessa aconteceu.

A jovem religiosa estava em êxtase, em profunda meditação. De súbito uma luz iluminou o altar, e o Coração de Jesus se manifestou da maneira que ela própria descreve:

> *Esse Coração estava completamente cercado de chamas e rodeado por uma coroa de espinhos, traspassado por uma profunda ferida, todo ensanguentado e encimado por uma cruz.*

> *Margarida — disse Jesus, dirigindo-se à jovem —, eu te prometo na infinita misericórdia de meu Coração que concederei oportunidade de arrependimento final a todos os que comungarem na primeira sexta-feira, em nove meses consecutivos... Eles não morrerão no pecado, sem receber os sacramentos, tornando-se meu Coração refúgio para eles, naqueles momentos extremos.*

O céu aberto, debruçado sobre o tempo. Um coração revelando uma *Grande Promessa* e fazendo um *pedido*: a certeza da salvação eterna; e a recomendação de comungarmos, devidamente preparados, nas primeiras sextas-feiras de cada mês, por nove meses consecutivos.

Na simplicidade, a profundidade maior.

8. COMUNHÃO REPARADORA

A terceira grande e marcante aparição aconteceu em junho de 1675, durante a oitava de *Corpus Christi*. Margarida rezava diante do Santíssimo Sacramento. Revelando-lhe novamente seu Coração, Jesus falou:

> *Eis o Coração que tanto amou os homens, que não poupou nada até esgotar-se e consumar-se para testemunhar-lhes seu amor. E, por reconhecimento, em troca eu só recebo da maioria deles ingratidões, irreverências, sacrilégios, frieza e desprezos que têm por mim neste sacramento de amor. O que mais me entristece é que são corações a mim consagrados que assim se comportam.*

Com cinco chagas brilhantes, Jesus queixou-se das ingratidões dos homens e dirigiu à santa o pedido:

Tu, pelo menos, dá-me este conforto de suprir suas ingratidões, quanto fores capaz.

Convidou-a em seguida a comungar na primeira sexta-feira depois da oitava da festa de *Corpus Christi*. E acrescentou:

Comungando neste dia e fazendo atos de reparação.

Margarida Maria comunicou tudo isso ao preclaro diretor espiritual que a Providência lhe enviara: o padre jesuíta *Cláudio de la Colombière*.

Na sexta-feira seguinte, 21 de junho de 1675, juntamente com Margarida Maria, o padre se consagrou ao Coração de Jesus. Daí em diante, enfrentando obstáculos, sofrendo humilhações, os dois apóstolos se empenharam numa causa comum: a difusão da nova espiritualidade. A devoção ao Coração de Jesus.

Nem suas colegas irmãs do convento de Paray-le-Monial nem as autoridades eclesiásticas do tempo acreditaram em Margarida Maria e no Pe. Cláudio, inicialmente. Embora fragilizada, Margarida Maria sentiu-se forte na força do Santíssimo Sacramento e de Maria Santíssima.

Eleita assistente da comunidade, depois nomeada mestra das noviças, viveu uma grande alegria: em 20 de junho de 1685, sua noviças ajoelharam-se diante da imagem do Sagrado Coração de Jesus, consagrando-se a ele.

Mais adiante, em 21 de junho de 1686, toda a comunidade das irmãs repete o mesmo gesto. E dois anos depois, em 7 de setembro de 1688, foi dedicada a primeira capela ao Sagrado Coração de Jesus, com bênção solene, no recinto do Mosteiro da Visitação.

9. O GRÃO DE MOSTARDA

A repercussão e o impacto da mensagem de Paray-le-Monial foram decisivos a longo prazo, mas encontraram sérios obstáculos e dificuldades, num primeiro momento: ironias, ceticismo e incompreensões bastante generalizadas. Dentro e fora do convento da Visitação. "Paray-le-Monial, isso existe? Em que mapa do país ou do mundo podemos encontrar esse lugarejo anônimo? O céu e o Coração de Jesus revelando-se com tantos detalhes a uma pobre e desconhecida monja da Visitação? Muita pretensão..."

A Santa Sé, ainda reticente, resistia em aprovar uma *festa litúrgica* dedicada ao Coração de Jesus. E proibiu a publicação de algumas obras, como o livro do Pe. Croiset, *A devoção ao Sagrado Coração de Jesus, Nosso Senhor*, que expunha as mensagens espirituais na linha de santa Margarida Maria.

Com seus avanços e recuos, suas luzes e sombras, a história da humanidade é repetitiva. "Nada de novo sob o sol", afirmam os filósofos do cotidiano.

Quando os fariseus e sacerdotes do templo tremiam inseguros e angustiados com a Igreja nascente, em Israel a voz de um sábio se fez ouvir, segundo narração dos Atos dos Apóstolos.

Gamaliel, mestre da lei, estimado por todos, levantou-se em pleno sinédrio e sentenciou solenemente, falando aos colegas fariseus: "Não vos preocupeis com estes homens e deixai-os ir embora. Porque se esse projeto ou essa atividade é de origem humana será destruído. Mas se vem de Deus vós não conseguireis eliminá-lo. Cuidado para não vos colocardes em luta contra Deus" (At 5,38-39).

Enfrentando desconfianças, percalços e resistências de toda ordem, o culto ao Sagrado Coração de Jesus se expandia rapidamente nos mais diversos segmentos do Povo de Deus. O povo simples, humilde e fervoroso estava cada vez mais feliz, desfraldando com entusiasmo apostólico-eclesial a bandeira do Coração de Jesus, rei do universo, porto seguro, fornalha ardente de caridade, extensão visível do amor do Pai na terra dos homens.

O que é de Deus sobrevive, se expande, conquista almas e corações, porque tem raízes e ressonâncias de eternidade.

10. CAMINHOS DA FELICIDADE

Quatro séculos se passaram, desde as surpreendentes revelações do Coração de Jesus a santa Margarida Maria.

O CORAÇÃO DE JESUS E A GRANDE PROMESSA

Continua válida, substancial, ou já perdeu sua força e atualidade *a Grande Promessa*?

O lembrete dos papas e da Igreja é luminoso, lapidar: "Para além de sua importância e do seu significado, as revelações particulares de Paray-le-Monial levam-nos fundamentalmente a reler o Evangelho, à luz da misericórdia, da bondade e do amor infinito de Jesus, o enviado do Pai".

Num momento de comovente ternura, o Mestre rezou na Palestina, elevando os olhos ao céu: "Graças te dou, Pai, Senhor dos céus e da terra, por teres escondido isto aos doutores e sábios e o teres revelado aos pequeninos" (Mt 11,25-27).

Constatação histórica, milenar: são os corações humildes e simples que mais facilmente se empolgam com as riquezas desse Coração apaixonado pela humanidade, o Coração de Jesus.

É o povo simples e bom que se reúne e reza nos santuários do Brasil e do mundo; aceita pacificamente as Doze Promessas; faz as primeiras sextas-feiras do mês, em espírito de louvor e reparação. Isso porque abraça essas realidades mais com o coração que com o cérebro. Esse povo está aberto também a redimensionar sua espiritualidade, a purificar suas devoções prediletas, se assim for preciso.

Cidadãos hodiernos, que navegam águas superficiais, encontram visíveis dificuldades para entender as riquezas do Coração de Jesus, oceano de misericórdia e plenitude.

As ambições terrenas embaçam o olhar, desterrando para longe as bem-aventuranças, os horizontes religiosos, espirituais.

O mundo profano, materialista, anda em busca desesperada de um sonho, de uma causa em que valha a pena acreditar outra vez, após tantos desencantos, tédios e frustrações, com sabor de cinzas.

A civilização do Coração de Jesus, acenada por João Paulo II, longe de ser apenas um sonho, uma utopia... já é feliz realidade na vida de milhões de pessoas, comprometidas com o Evangelho, com seus irmãos de caminhada.

Ser devoto do Coração de Jesus é um jeito de ser Igreja, é rota segura, abençoada de felicidade, paz e realização.

11. DIMENSÃO REPARADORA

Reis, autoridades e tiranos, ao longo da história, sempre gostaram de homenagens, tributos, incenso. E reclamavam gestos de desagravo, quando ultrajados pelos súditos.

Quem ama pede desculpas, perdão, ao ofender ou decepcionar um ente querido, a pessoa amada. *A dimensão reparadora* é onipresente nas religiões, no labirinto das mitologias, nas galerias do mundo pagão e no cristianismo.

Contritos e trêmulos, os cidadãos egípcios de outrora ofereciam dádivas e sacrifícios de desagravo aos poderosos faraós das pirâmides. Luís XIV, na França, do alto de sua majestade de rei-sol, exigia vassalagem incondicional da corte bajuladora, da plebe inculta e submissa.

O gesto de desagravo à Divina majestade, ofendida pelos pecados dos homens, perpassa o Antigo e o Novo Testamento. Reparar espiritualmente, afirmam os teólogos, é um *dever de justiça* para com Deus. E sinal de nobreza de coração de nossa parte.

Num texto de Colossenses encontramos a *fundamentação bíblica* da pedagogia reparadora: "Alegro-me de tudo o que já sofri por vós e procuro compensar em minha carne as deficiências que atribulam a Cristo, em solidariedade com seu corpo, isto é, com a Igreja" (Cl 1,24).

O amor apaixonado a Jesus leva Paulo ao altar do desagravo, da solidariedade, da reparação. Identificado com o Mestre, o apóstolo assume como próprios os sofrimentos de Cristo, oferecendo-lhe, num ato reparador, as fragilidades da comunidade em que vive.

Jesus Cristo é a extensão visível do amor do Pai, do Espírito Santo e dos desígnios divinos para conosco. É a ele que endereçamos nossos ofertórios e atos de desagravo.

Ao realizar a reparação espiritual, você não apenas se ajoelha, humilde, solidário e contrito, aos pés do Coração de Jesus, mas vai além: mergulha fundo nas águas misteriosas da Santíssima Trindade. Graça, bênção e privilégio com ressonâncias bíblicas e cristocêntricas de eternidade.

12. NAS ESTRADAS DE DAMASCO

A ideia da reparação é um dos elementos essenciais da espiritualidade do Sagrado Coração de Jesus. Cristo ressuscitado *já não sofre mais fisicamente*, mas resta-nos preencher os sofrimentos de Cristo em seu corpo místico, do qual ele é a cabeça.

A fundamentação bíblica, teológica, eclesial desta realidade deita raízes na estrada de Damasco... Saulo decidira acabar com os discípulos do Nazareno. Respirando ameaças, seguia pela estrada. Súbito, ouviu uma voz, com nitidez:

Eu sou Jesus, que tu persegues (At 9,5).

Era Cristo revelando que as perseguições à Igreja atingiam seu divino Chefe.

Na descrição do juízo final em Mateus, Jesus se identifica com os que sofrem, com os pequenos: "Todas as vezes que fizerdes isto a um dos menores destes meus irmãos, a mim o fizestes" (Mt 25,40).

Quando os apóstolos desejaram saber quem era o maior no Reino dos céus, o Mestre apontou para uma criança: "Quem acolher a um menino como este, em meu nome, é a mim que acolherá" (Mt 18,5).

Numa carta entregue em 1986 ao Pe. Peter-Hans Kolvenbach, Superior Geral dos Jesuítas, o papa João Paulo II proferiu uma frase histórica, incisiva, apontando caminhos e a solução: "A verdadeira *reparação* é construir sobre as ruínas acumuladas pelo ódio e pela violência a civilização do Amor, o Reino do Coração de Cristo".

13. A DIMENSÃO PROFÉTICA

A devoção reparadora ao Coração de Jesus, herança sagrada das revelações de Jesus a santa Margarida Maria, aponta hoje em nova direção: o rosto de nosso povo sofrido, doente, subnutrido, injustiçado, sem casa e sem emprego, sem escola, sem voz ou vez na sociedade. A multidão dos oprimidos em qualquer classe social, nas mais diversas idades.

À luz da evangélica opção preferencial pelos pobres, a tradicional reparação a Jesus pelos pecados e injustiças do mundo assume novo significado e mais ampla dimensão.

A dimensão profética, embutida na espiritualidade do Coração de Jesus, inclui o anúncio do amor apaixonado de Deus pela humanidade, a coragem de denunciar tudo o que desfigura a imagem de Deus na pessoa humana.

Quem se compromete a viver e difundir a espiritualidade do Coração de Cristo não pode ficar de braços cruzados, omisso, covarde, alienado.

"Não existe amor sem coragem. E não há coragem sem amor" (Rolo May).

"O intelecto busca, procura. Mas quem encontra é o coração" (G. Sand).

14. AS DOZE PROMESSAS

São bem conhecidas dos devotos do Coração de Jesus as doze promessas que ele fez a santa Margarida.

1. Darei aos devotos do meu Coração todas as graças necessárias a seu estado de vida.
2. Estabelecerei e farei reinar a paz em suas famílias.
3. Serão por mim consolados em todas as suas aflições.
4. Serei para eles refúgio seguro durante a vida e, de modo especial, na hora da morte.
5. Lançarei bênçãos abundantes sobre todos os seus trabalhos e empreendimentos.
6. Os pecadores encontrarão em meu Coração uma fonte inesgotável de misericórdia.
7. As almas tíbias tornar-se-ão fervorosas pela prática dessa devoção.
8. As almas fervorosas subirão em pouco tempo a uma alta perfeição.
9. Minha bênção descerá sobre as casas em que estiver exposta e for honrada a imagem de meu Coração.
10. Darei aos sacerdotes que praticarem especialmente essa devoção o poder de tocar os corações mais endurecidos.
11. As pessoas que propagarem essa devoção terão seus nomes inscritos para sempre em meu Coração; eles jamais serão apagados.

12. A todos os que comungarem nas primeiras sextas-feiras de nove meses consecutivos darei a graça da penitência final e da salvação eterna.

15. UM JEITO DE AMAR

Décadas atrás, os sacerdotes encontravam tempo para visitar todos os seus paroquianos, consagrando as famílias ao Sagrado Coração de Jesus. Saudosos e abençoados tempos!

Hoje isto se tornou praticamente impossível, impraticável, por motivos vários: crescimento da população, acúmulo de encargos e tarefas paroquiais, diminuição acentuada do número de padres etc.

É a hora, quem sabe, de você, cristão e apóstolo, assumir ou reassumir esse costume sagrado de consagrar as famílias ao Sacratíssimo Coração de Jesus e de Maria. Não estarão muitos de nossos irmãos paroquianos esperando exatamente isso de nossa parte?

Ao visitar Zaqueu em Jericó, o Mestre pronunciou uma das frases mais emocionantes e consoladoras de todo o Evangelho: "Zaqueu, hoje a salvação entrou em tua casa".

Jesus anseia vivamente habitar em nossos lares, ter espaço em nossas famílias e corações.

Rezar, assumir o Evangelho e ser apóstolo é a forma mais profunda e abençoada de amar.

16. PROMESSAS DE JESUS

Todas as graças darei
em cada um dos estados
aos fiéis que, com ternura,
forem a Mim consagrados.

Darei a paz às famílias,
a concórdia, a união,
a todos eu guardarei
em meu Coração.

Consolarei meus servos
nas dores e aflições,
enxugarei seu pranto
em suas tribulações

De meus amigos, na vida,
serei apoio forte
e depois doce refúgio
na hora de sua morte.

Bênçãos mil derramarei
sobre suas empresas,
dar-lhes-ei depois, no céu,
todas as minhas riquezas.

Em meu Coração Divino
os culpados acharão
um oceano de amor,
misericórdia e perdão.

O CORAÇÃO DE JESUS E A GRANDE PROMESSA

As almas que forem frias
tornar-se-ão fervorosas,
fiéis, boas, dedicadas,
crentes e esperançosas.

As almas já fervorosas,
por meio de meu Coração,
subirão rapidamente
a uma grande perfeição.

Abençoarei os lares
onde for entronizado
meu Coração divino
e ali for venerado.

Aos sacerdotes darei
luzes e inspirações
com que possam comover
os mais duros corações.

Propagando a devoção
de meu Coração bendito
terão para sempre o nome
neste Coração inscrito.

Na primeira Sexta-feira
de nove meses seguidos,
comungando, hão de morrer
dos Sacramento munidos.

Meu Coração divinal
será seu doce alento,

asilo certo e seguro
no derradeiro momento.

Autor anônimo

17. A CONSAGRAÇÃO DAS FAMÍLIAS

A consagração das famílias é um dos meios mais eficazes de renovação cristã de seus membros, contribuindo também para a boa harmonia entre eles.

Na nona promessa feita a santa Margarida, Jesus manifestou expressamente o desejo de que as famílias lhe fossem consagradas:

> *Minha bênção descerá sobre as casas em que estiver exposta e for honrada a imagem de meu Coração.*

O Sagrado Coração apresenta duas condições:

— que a imagem do Sagrado Coração seja exposta ou entronizada no lar. "Entronizar" significa pôr num trono, assento honroso de um rei. Jesus é o rei, por excelência, do mundo, dos lares, dos corações. Ao colocar sua imagem num lugar de destaque em nossa casa, queremos significar que o escolhemos como Senhor, centro e Rei de nossa família;

— que a imagem seja honrada. Isto é, que seja honrado o Santíssimo Coração de Jesus, que seja santificado seu santo nome, como pedimos no Pai-nosso.

Desde que o papa Leão XIII publicou a encíclica *Annum Sacrum* (25/5/1889) sobre a devoção ao Sagrado Coração de Jesus, na qual exorta os fiéis do mundo inteiro a se consagrar ao Coração de Jesus, são incontáveis os documentos e pronunciamentos dos papas aconselhando a prática da consagração pessoal, das famílias, das paróquias, instituições, cidades, nações e do gênero humano ao Coração de Jesus.

Destacamos apenas um texto do *papa Bento XV*, sucessor de são Pio X:

> *Esta consagração é a obra providencial dos tempos modernos e a expressão mais autêntica do amor das famílias ao Coração de Jesus... Se todas as famílias se consagrassem ao Divino Coração, e todas cumprissem as obrigações que derivam de tal consagração, o Reinado Social de Jesus Cristo estaria assegurado* (discurso de 6 de janeiro de 1916).

18. ENTRONIZAÇÃO

O que é a entronização?

Entronizar significa colocar no trono, num local de destaque. Pode ser na sala, no quarto. Mas que as imagens sejam vistas, reverenciadas... e não apenas decorativas.

Como é feita a entronização?

Pode ser realizada com simplicidade, em caráter particular, com um integrante da família pondo os quadros no local escolhido, onde ficarão expostos. Quando conta com a presença do sacerdote, o cerimonial normalmente se reveste de maior solenidade.

As promessas de Jesus a Santa Margarida Maria

Para aqueles que trabalham pela salvação das almas

"Meu Divino Salvador fez-me entender que aqueles que trabalham pela salvação das almas terão o dom de tocar os corações mais endurecidos e trabalharão com êxito maravilhoso, se tiverem uma terna devoção para com o Divino Coração."

Para as comunidades religiosas

"Ele me prometeu... que derramará a suave unção de sua ardente caridade sobre todas as comunidades religiosas que o honrarem e se colocarem sob sua especial proteção, e desviará delas todos os golpes da divina justiça, a fim de colocá-las em estado de graça, quando tiverem caído em pecado."

Para os leigos

"Por meio dessa amável devoção, os leigos encontrarão todo o socorro necessário a seu estado, ou seja, a paz em suas famílias, o alívio em seus trabalhos, as bênçãos do Céu em todos os seus empreendimentos, a consolação em suas misérias; encontrarão no Sagrado Coração o lugar de refúgio, durante toda a sua vida e, principalmente, na hora da morte."

Para as casas

"Prometeu-me que derramaria graças em profusão em todos os corações que o honrarem, e que esta imagem, em todos os locais em que for entronizada, atrairá todas as espécies de bênçãos e graças."

19. FÓRMULA DE CONSAGRAÇÃO

O sacerdote reza na igreja, na capela, nas casas ou no local onde as famílias estão sendo consagradas ao Coração de Jesus:

1. *Sacerdote*: Em nome do Pai, do Filho e do Espírito Santo. *Amém*. O Senhor esteja convosco.

   Povo: Ele está no meio de nós.

   Sacerdote: Nossa proteção está no nome do Senhor.

   Povo: Que fez o céu e a terra.

   Sacerdote: Oremos: Em vosso nome, Senhor, e em nome da Igreja, benzemos estas imagens. Imagens sagradas que lembram e simbolizam vosso amor e misericórdia infinita para conosco.

2. *Abençoai, hoje e sempre*, a casa que irá acolher-vos com alegria e gratidão. Velai, Senhor, por todos os membros desta família, que agora se consagra a vosso Coração.

Dai-nos paz, espírito de fé e muita esperança para enfrentar com serenidade os desafios e as lutas do cotidiano. E que o verdadeiro amor se faça presente, dia e noite, a cada instante, em nossos lares, em nossa comunidade, no coração de cada um de nós.

Santos Anjos da Guarda, velai por nossas famílias.

Sagrado Coração de Jesus, nós temos confiança em vós. Fazei nosso coração semelhante ao vosso. Mais humilde e desprendido. Mais generoso e comunitário.

Unidos ao Espírito Santo, imploramos também a bênção especial de Maria Santíssima, mãe da Igreja, rainha dos apóstolos, estrela da nova Evangelização, nossa mãe e protetora celeste. Amém.

NB. Essa prece pode ser rezada também por leigos, pais, pessoas do apostolado, líderes comunitários, quando realizarem a entronização do Coração de Jesus, em domicílio, mesmo sem a presença do sacerdote. Inicia-se então pelo número 2: "Abençoai, hoje e sempre, a casa...".

20. JACULATÓRIAS

Em vós, Coração de Jesus, espero para não ser confundido eternamente.

O CORAÇÃO DE JESUS E A GRANDE PROMESSA

Coração Sagrado, espero e confio em vós.

Coração de Jesus, abrasado de amor por nós, inflamai nosso coração de amor por vós.

Doce Coração de Jesus, fazei que eu vos ame cada vez mais.

Coração de Jesus, fonte de divino amor, dai paz ao mundo.

Jesus, manso e humilde de coração, fazei nosso coração semelhante ao vosso.

Ó dulcíssimo Jesus, não sejais meu juiz, mas, sim, meu Salvador.

ɷ ɷ ɷ

O Coração de Jesus é tão imenso, tão hospitaleiro,
que dentro dele cabem o santo e o pecador,
você e eu, o mundo inteiro.

21. LADAINHA DO SAGRADO CORAÇÃO

Senhor, tende piedade de nós.
Jesus Cristo, tende piedade de nós.
Senhor, tende piedade de nós.
Jesus Cristo, ouvi-nos.
Jesus Cristo, atendei-nos.

Deus, Pai dos céus.
T. Tende piedade de nós.
Deus Filho, Redentor do mundo.
Deus Espírito Santo.

Santíssima Trindade que sois um só Deus.
Coração de Jesus, Filho do Pai eterno.
Coração de Jesus, formado pelo Espírito Santo no seio da Virgem Mãe.
Coração de Jesus, unido substancialmente ao Verbo de Deus.
Coração de Jesus, de majestade infinita.
Coração de Jesus, templo santo de Deus.
Coração de Jesus, tabernáculo do Altíssimo.
Coração de Jesus, casa de Deus e porta do céu.
Coração de Jesus, fornalha ardente de caridade.
Coração de Jesus, receptáculo de justiça e de amor.
Coração de Jesus, cheio de bondade e de amor.
Coração de Jesus, abismo de todas as virtudes.
Coração de Jesus, digníssimo de todo o louvor.
Coração de Jesus, rei e centro de todos os corações.
Coração de Jesus, no qual estão os tesouros da sabedoria e da ciência.
Coração de Jesus, no qual habita toda a plenitude da divindade.
Coração de Jesus, no qual o Pai pôs suas complacências.
Coração de Jesus, de cuja plenitude todos nós recebemos.
Coração de Jesus, desejo das colinas eternas.
Coração de Jesus, paciente e de muita misericórdia.
Coração de Jesus, rico para todos os que vos invocam.
Coração de Jesus, fonte de vida e de santidade.
Coração de Jesus, propiciação por nossos pecados.
Coração de Jesus, saturado de opróbrios.
Coração de Jesus, esmagado por nossos pecados.
Coração de Jesus, feito obediente até a morte.

Coração de Jesus, atravessado pela lança.
Coração de Jesus, fonte de toda a consolação.
Coração de Jesus, nossa vida e ressurreição.
Coração de Jesus, nossa paz e reconciliação.
Coração de Jesus, vítima dos pecadores.
Coração de Jesus, salvação dos que esperam em vós.
Coração de Jesus, esperança dos que morrem em vós.
Coração de Jesus, delícia de todos os santos.

Cordeiro de Deus, que tirais os pecados do mundo,
T. *Perdoai-nos, Senhor.*
Cordeiro de Deus, que tirais os pecados do mundo,
T. *Ouvi-nos, Senhor.*
Cordeiro de Deus, que tirais os pecados do mundo,
T. *Tende piedade de nós.*
Jesus, manso e humilde de coração,
T. *Fazei nossos corações semelhantes ao vosso.*

Oremos: Deus onipotente e eterno, olhai para o Coração de Vosso Filho diletíssimo e para os louvores e as satisfações que Ele vos oferece em nome dos pecadores e daqueles que imploram vossa misericórdia. Concedei a estes vossos filhos, pelo Filho, seu generoso perdão. Ele que convosco vive e reina, na unidade do Espírito Santo, por todos os séculos dos séculos. *Amém.*

22. ENGENHEIROS COM CRISTO

Cristo morreu de braços abertos, no lenho ensanguentado da Cruz, para não cedermos à tentação de ficar a vida inteira de braços cruzados.

Ele precisa, ele quer precisar de nosso coração para aquecer outros corações nos caminhos da fé, da justiça, da partilha, da fraternidade. Quer precisar de nosso entusiasmo apostólico e missionário para incendiar o mundo com a luz da Esperança, com o facho sagrado do Amor. Quer precisar de nossas mãos em prece e de nossos braços laboriosos para curar enfermos, cicatrizar feridas, amparar os fracos e necessitados. E refazer a casa do universo desde os alicerces. Ele precisa inclusive — mistério dos mistérios — de nossa fragilidade humana para acionar o oceano inesgotável de sua Misericórdia infinita.

Cristo, divino engenheiro,
foi um trabalhador profundo,
com três pregos e um madeiro
fez a reforma do mundo.

23. TRÍDUO AO SAGRADO CORAÇÃO DE JESUS

1. Ó meu Jesus, que dissestes: "Em verdade vos digo, pedi e recebereis, procurai e achareis, batei e ser-vos-á aberto". Eis que procuro e peço a graça...

   Pai-nosso, Ave-maria, Glória.

   Sagrado Coração de Jesus, espero e confio em Vós.

2. Ó meu Jesus, que dissestes: "Em verdade vos digo, qualquer coisa que peçais ao meu Pai, Ele vos concederá". Eis que peço a graça...

Pai-nosso, Ave-maria, Glória.

Sagrado Coração de Jesus, espero e confio em Vós.

3. Ó meu Jesus, que dissestes: "Em verdade vos digo, passarão os céus e a terra, mas minhas palavras jamais!". Eis que, apoiado na infalibilidade de vossas palavras, eu peço a graça...

Pai-nosso, Ave-maria, Glória.

Sagrado Coração de Jesus, espero e confio em Vós.

Oremos: Sagrado Coração de Jesus, que tanto nos amais, fazei que vos ame cada vez mais. Aumentai minha fé, minha esperança. Que eu seja um apóstolo incansável de vosso Reino, dentro de minha casa, no local do trabalho, na sociedade, em toda a parte. Isto vos pedimos, por intermédio de vossa e nossa Mãe santíssima. *Amém.*

24. ATO DE CONSAGRAÇÃO AO SAGRADO CORAÇÃO DE JESUS

Sagrado Coração de Jesus, que manifestastes a santa Margarida Maria o desejo de velar sobre nossas famílias cristãs, nós estamos aqui, neste momento, consagrando-vos nosso lar, nossa família.

Sabemos que a paz nos chega pela fraternidade, pela oração, pela vivência dos Sacramentos e, de modo especial, pela recepção da Eucaristia.

Abençoai, Senhor, nossos trabalhos, nossas tarefas, nossos projetos, nossos empreendimentos espirituais e temporais. Afastai de nós as angústias, os pensamentos negativos, a discórdia e o desamor.

Se alguma vez tivermos a infelicidade de vos ofender, que vossa misericórdia venha ao encontro de nossa fragilidade humana, tão necessitada de redenção.

E quando chegar a hora da separação, no final de nossos dias aqui na terra, acolhei-nos na glória eterna, Sagrado Coração de Jesus.

Digne-se o Coração Imaculado de Maria, juntamente com o glorioso patriarca são José, apresentar-vos esta consagração que estamos realizando neste momento, com alegria e profunda gratidão.

Sagrado Coração de Jesus, venha a nós o vosso Reino. Reino de justiça, de paz, de fraternidade e redenção.

25. OFERECIMENTO DO DIA

Os devotos do Coração de Jesus do mundo inteiro rezam diariamente seu Oferecimento espiritual, vivamente recomendado pelos papas, pelo Vaticano II.

Ofereço-vos, ó meu Deus,
em união com o Santíssimo Coração
de Jesus,

*por meio do Coração Imaculado
de Maria,
as orações, obras, sofrimentos e
alegrias deste dia,
em reparação de nossas ofensas,
e por todas as intenções
pelas quais o
Divino Coração está
continuamente intercedendo e
sacrificando-se em nossos altares.
Eu vo-los ofereço,
de modo particular,
pelas intenções do Papa para este mês.*

26. NOVENA EFICAZ

Sagrado Coração de Jesus, eu já vos pedi tantas graças, mas agora peço-vos, de modo particular, esta...

Tomai-a, colocai-a em vosso Coração aberto e ferido, e quando o Pai celeste a vir recoberta de vosso preciosíssimo sangue não poderá desprezá-la, porque já não será minha súplica, ó Jesus, mas a vossa.

Coração Sacratíssimo de Jesus, coloco em vós toda a minha confiança. Sagrado Coração de Jesus, creio em vosso amor para comigo.

Amém.

27. CURIOSIDADES HISTÓRICAS

- Santa Margarida Maria de Alacoque foi *beatificada* em 18 de setembro de 1864 e *canonizada por Bento XV* em 1920.

- Pe. Cláudio de la Colombière — seu diretor espiritual — foi canonizado por João Paulo II, em Roma, no dia 21 de maio de 1992.

- A primeira das igrejas dedicadas ao Coração de Jesus foi a grandiosa *basílica da Estrela*, construída por recomendação de Maria I, de Portugal, inaugurada solenemente em 1790. Glória portuguesa, com certeza...

- No Brasil, no mundo, existem milhares de santuários marianos, e outros tantos dedicados ao Coração de Jesus. O mais célebre e vistoso de todos é o *Sacré-Coeur*, na poesia do Montmartre, o ponto mais alto de Paris, ostentando em sua fachada, de rara beleza arquitetônica, um grande nicho com a estátua do Sagrado Coração de Jesus. Visitam-no anualmente três milhões de turistas e peregrinos orantes.

- O *Brasil* foi consagrado ao Sagrado Coração de Jesus no 36º Congresso Eucarístico Internacional, realizado no Rio de Janeiro em 1955.

- O Apostolado da Oração, que vive e divulga a espiritualidade do Coração de Jesus no mundo inteiro, nasceu na cidade de Vals, sul da França, no dia 3 de dezembro de 1844. E foi oficializado na Igreja pelo papa Pio XI, em 1894.

- Sob as bênçãos do Coração de Jesus e de Maria, o *Mensageiro do Coração de Jesus* é hoje, humildemente, a revista católica de maior tiragem no país. E a primeira no mundo, entre as revistas congêneres, que veiculam a espiritualidade do Sagrado Coração.
- A encíclica *Haurietis Acquas*, de Pio XII, é considerada a *Carta Magna* do culto e da espiritualidade do Coração de Jesus. É o melhor e mais completo documento pontifício sobre o assunto.
- Leão XIII, papa da *Rerum Novarum*, consagrou o gênero humano ao Sagrado Coração de Jesus, em 11 de junho de 1899.

ca ca ca

"A fé é um pássaro que canta na escuridão da noite" (R. Tagore).

"Não tenho caminho novo. O que tenho de novo é o jeito de caminhar" (Thiago de Mello).

28. PEREGRINOS DO INFINITO

Sem Maria, faltaria alguém na Igreja. Sem a luz de Paray-le-Monial, a espiritualidade do Coração de Jesus teria seguido caminhos diversos, por certo. A Providência divina tem seus desígnios, hora certa de intervir, de atuar.

Maria de Nazaré. Foi sua humildade que atraiu as predileções divinas. Quando todas as donzelas de Israel sonhavam com o privilégio de ser a mãe do Redentor, Maria julgava-se indigna de tão alto mister. Em Lourdes e Fátima, humildes crianças foram agraciadas pelas aparições de Nossa Senhora. A pureza e a simplicidade canalizam bênçãos e graças do céu.

Obrigado, de coração, Santa Margarida Maria. Humilde, pequena, orante e generosa, Deus te encontrou, no silêncio do convento. E a luz que teus olhos viram rebrilha intensa e forte até hoje, três séculos já passados, inundando almas e corações que te admiram profundamente. Com eterna gratidão.

❦ ❦ ❦

Num mundo confuso, agressivo, frio e impessoal, as pessoas procuram segurança, calor humano, orientação; vivência comunitária, um significado para suas vidas atribuladas; um pouco de luz nas trevas, de ordem no caos; um corrimão; uma fonte-oásis no deserto; valores que preencham seu coração vazio, sedento de paz.

Felizes e sábios os que se refugiam no mais sagrado santuário do mundo: o Coração de Jesus, rico em misericórdia, bondade, ternura e amor.

29. ESPIRITUALIDADE MILENAR

Em sua mensagem aos povos da América Latina, nossos bispos declararam com lucidez, em Puebla: "Somos pastores da Igreja católica e apostólica, que nasceu do Coração de Jesus Cristo, o Filho de Deus vivo".

E João Paulo II, na força de sua palavra inspirada, ecoando a voz da Igreja e dos sumos pontífices, disse esta frase imensa, consoladora, na festa do Sagrado Coração de Jesus, em 1979, na cidade de Roma: "É do Sagrado Coração de Jesus que emana, a cada ano, toda a vida da Igreja".

A espiritualidade do Coração de Jesus não é periferia, sentimentalismo, devoção ultrapassada, mas centralidade do mistério redentor; enraíza o Evangelho, tem fundamentação teológica, bíblica, eclesial.

Em momento inspirado, *Pio XI* classificou-a como a "síntese de toda a religião cristã" (encíclica *Miserentissimus Redemptor*, 1928).

E *Pio XII*, do alto de sua lucidez pontifícia, afirmava que o mistério do Coração de Cristo contém "a essência do cristianismo, o coração do Evangelho, alteando-se como modelo de vida mais perfeita" (encíclica *Haurietis Acquas*, 1956).

Paulo VI e *João Paulo II*, à luz do concílio Vaticano II, não cansam de nos lembrar *toda a riqueza e profundidade cristã dessa espiritualidade, capaz de potenciar toda a vida cristã*.

É imensa e memorável a frase-elogio do bispo francês dom Bougaud: "A devoção ao Sagrado Coração de Jesus foi a maior explosão de luz que o mundo viu e conheceu, após o Pentecostes".

30. CRISTO E EU

Eu, peregrino. Ele, o caminho.
Eu, a pergunta. Ele, a resposta.
Eu, a água. Ele, a fonte.
Eu, tão fraco. Ele, a força.
Eu, as trevas. Ele, a luz.
Eu, o pecado. Ele, o perdão.
Eu, a luta. Ele, a vitória.
Eu, o inverno. Ele, o sol.
Eu, caindo. Ele, a rocha.
Eu, doente. Ele, o milagre.
Eu, a pauta. Ele, a sinfonia.
Eu, o grão de trigo. Ele, o pão.
Eu, comungando. Ele, a Eucaristia.
Eu, a gota. Ele, o oceano.
Eu, a procura. Ele, o endereço.
Meu passado e meu presente: em suas mãos.
Meu futuro: todo dele.
Eu, no tempo... E Cristo a Ressurreição.

31. SALMO DE ESPERANÇA

Do Coração alanceado de Jesus nasceu a Igreja, extensão visível do Amor do Pai para conosco. Nós somos Igreja, continuadores da obra inacabada da Redenção.

Jesus nos quer solidários, fraternos, libertando os irmãos de caminhada; obreiros incansáveis de seu Reino, comprometidos com seu Evangelho; agentes transformadores da História.

Perseverantes na prece, na ação construtiva, fazemos o amanhã com nosso hoje. Somos peregrinos da Esperança, irradiando o Pentecostes, a Ressurreição.

Sonho com aquele dia,
dia de plenitude e de felicidade:
o mundo inteiro partilhando do pão da
Eucaristia...
E toda a humanidade reunida,
sorrindo alegria,
dentro do CORAÇÃO DE JESUS
e de MARIA.

ෆ ෆ ෆ